녹아서 없어진 말들

녹아서 없어진 말들

최동옥 시집

두엄

시인의 말

또 이렇게 서툴고 부끄러운 시집을 펴냅니다.
한 줄이라도 더 나은 글을 꿈꾸지만
내 삶이 그렇듯이 달라진 것은 없어 보입니다.
자연에게서 나무에게서 심지어 짐승이나 야생화에게서
삶의 비의를 물어보지만 그들의 답을
내가 어리석어서 알아듣지 못하고
내 펜이 무뎌서 받아쓰지 못합니다.
그럼에도 나에게는 이 시집은 내 삶만큼이나 소중합니다.
그저 주위 사람들과 나누는 것으로 기뻐하겠습니다.

2024년 늦가을
꿈꾸는 창고에서 최동옥

차례

1부

싸인 · 13
녹아서 없어진 말들 · 14
삶의 무게 · 16
산다는 것은 · 17
공양供養 · 18
당신 같으면 · 19
마음을 깨물다 · 20
먼 길을 돌아서 · 21
불면의 징조 · 22
뒤란 샘물터 저쪽 · 23
당신의 손거울 보다가 · 24
옹이 기억 · 25
옥수수를 심으며 · 26
프로선수의 길 · 27
돌산 가시네 가난하니 · 28

2부

∎

복지관 가는 길 · 31
복지관의 봄 · 32
모두 다 꽃이다 · 33
복지관 식당 · 34
대숲 · 35
복지관 주차장 · 36
봄날의 수채화 · 37
봄나물 장터 · 38
봄날의 강 · 39
수다 · 40
경전선의 추억 · 41
그리움의 강 · 42
봄이라는 · 43
섬진강 별곡 · 44
아비의 한탄 · 45

3부

■

낯선 하루 · 49

내일로 가는 길 · 50

눈이 내리면 · 51

평사리역 · 52

초연차를 만들다 · 53

겨울날의 풍경 · 54

봄 편지 · 55

노랑버스 다시 온다 · 56

꽃길을 가다 · 57

대숲을 찾아서 · 58

소중한 하루 · 59

이 흔들림이 없다면 · 60

수선화 · 61

산그림자 · 62

절필의 기억 · 63

4부

아카시아 피고 · 67
하동공원에서 · 68
초록으로 · 69
어떤 가을의 노래 · 70
강의 무늬 쌓는다 · 71
강물 흘러서 · 72
가을을 찾아서 · 73
참새의 하루 · 74
부추꽃 · 75
여름 농부 · 76
고사리 꺾으며 · 77
자전거 타고 벚꽃길 엔딩 · 78
술 한 잔 줄 수 있겠나? · 79
꿈꾸는 창고 · 80
맨드라미 · 81

해설 | 녹아서 없어진 말들, 난청의 시쓰기 · 85
　　－ 김남호(문학평론가)

제1부

… 싸인

세상 이야기는 끝나지 않은
이야기들로 금세 사라지지만

영원히 남는 기록들을
축구선수는 축구공에 싸인 하고

배구선수는 배구공에 싸인 하고
야구선수는 작은 공에 싸인 하고

으깨어진 어깨로 지게를 부리어
누구를 만나든 농부였다고

농부가 벗어놓고 간 저 삶의 무게
그대로 싸인이 된다.

녹아서 없어진 말들

내게로 다가온 온갖 소리들이
비처럼 가늘어지다 멀어지고
있는 듯 없는 듯
나뭇가지 새들이 앉고 날아올라도
사라지는 것을 보고만 있었다

밤마다 텔레비전 속
이상하게 움직이는 수상한 입술들
자꾸 물어볼 수도 없어
고개만 갸웃거리다 나는 점점 남의
입술을 탐색하는 버릇이 생겼다
그러자 소리가 보이기 시작했다

나와 아내의 사이 전선의 기척
내가 누운 이쪽까지 전해지지 않는
오랜 세월 입에서 놓친 무수한 말들은
유배의 비극이 끝나지 않을 것처럼

난청으로 제값을 받지 못해

제대로 된 삶이 되지 못해 충돌하며
귀머거리 입구에서 역류해서야
딸자식 이름으로 구멍이 뚫린 난청

귀속에 닿는 언어, 동네 개 짖는 소리가
그립지도 않는 난청의 유배지에서 들렸다.

삶의 무게

노가다 일용직은 멈춤이 없다
내 몸 하나 숫자 손가락으로 처분되며
드나들던 인력사무소 어둠의 골목 시간에도
호명을 기다리는 순간은 애절해지는지
야광 띠 작업복 안전화에 저 삶의 무게
무엇인가 가득 실려 있는 근심으로
쌉싸름한 담배 연기 내 품은 공사 현장에
차가운 냉기만 남겨진 아시바에 두 팔을 건다
나보다 더 힘든 지축을 흔드는 굉음 풍경에
이름도 모르는 공사 현장 용어들 속으로
성난 불빛만 반사되는 낯선 작업들
일당으로 늘상 그대로만 살아가는 일용잡부
가느다란 목소리 소주잔에 채워져 있다.

산다는 것은

힘들었던 그 시간을 채우고
날이 어두워졌다
시린 두 손을 바지춤에 묻어
집으로 가는 터덜터덜 그림자
대숲 계단을 걸어 올라갈 때쯤
불어오는 바람 한줄기 속에서
흔들리는 나뭇잎 바라보니
여전히 유효함을 알게 하듯
내가 나의 타인이고 싶을 때
모든 것을 덮고 싶은 가로등 불빛
산다는 것에 허무함이 찾아올 때쯤
그 길 끝나는 곳에 어슴푸레함으로
서있는 그림자 모습은 아내였다
서로를 위한 인정받고 싶은 삶의
시간으로 가장 따뜻한 저녁을 먹었다.

공양供養

간절한 마음 모아
딸아이 이름으로 연등을 단다

긴장감은 늘 체육관 저 소리들 속에 갇혀 있고
승과 패는 들숨과 날숨 사이에 있건만

그래도 프로선수, 푸른 꽃피운 것 보면
대견하다 우리 딸, 잘 견뎠다!

당신 같으면

분주한 아침이 서둘러 나가고
햇살이 더 뜨거워지기 전에
가난을 나누던 텃밭 가꾸는 당신
흰머리가 푸석하게 보이며
어깨는 한쪽으로 기울어 호미질하는
모습에 나는 모르는 척 시선을 돌리지만

계절이 바뀌어도 제 식솔 걱정하며
집안 살림 틈틈이 땅 파고 상추 쑥갓 심고
가뭄이 계절을 머금고 있는 것처럼
어쩌면 가뭄에 흙이 물 만난 듯
궂은일 어떤 일에도 밀리지 않던 당신

시간이 흘러도 변하지 않는 것들로
호미 놓고 삭신이 쑤신다고 되뇌면서
밭이랑에서 김매고 또 매도
잡풀 한 포기 자라나는 꼴 못 본다.

마음을 깨물다

작정한 바 없이 세탁기 여러 번 돌려
이불 빨래 두툼한 잠바까지 널어놓고
온몸에 회복되지 못한 관절을 어루만져
살다 보면 한나절 삶을 끄덕이며
대문 쪽을 바라보는 내 시절을 되짚는다

내 집에 딸이 없는 그 휑한 집 놔두고
신랑 따라 나 좀 바람 쐬주면 안 돼?
와온 마을 바닷가 방파제를 걷는다
지금까지 신랑을 에워싸고 있는 감정
짜디짠 세월 한바탕 목 놓고 싶지 않으랴

우두커니 물속 깊이만 실컷 바라보며
정박 중인 배들과 불끈 쥐었다가 풀어 걷는
바닷바람 쐰 속 시원하기는 하나
노을로 저미는 한때 일렁이는 바다에
다시 한 번 속마음은 몇 번씩 뒤집힌다.

먼 길을 돌아서

코로나로 힘들었던
방역 시간들을 보내고
공복의 일상 속에서

노인 복지관이 보이는
길모퉁이에 무심하게 앉아
피지 않은 꽃봉오리에 구시렁구시렁

유모차에 굽은 등을 붙이고
느릿느릿 움직이는 발 틈으로
힘겹게 걸어오는 노인들

밥때가 되어 복지관 식당으로
무거워진 다리에 엘리베이터는
계단을 날아 점심 드시러 갑니다.

불면의 징조

바람은 웬 심술인가 잠 못 이루는 밤
힘껏 손 뻗어도 잡히지 않는 효자손
외면을 꿇을 수 없는 안타까움 이겨내려
온몸 벌겋게 부풀게 하는 가려움 휘감고
벗은 몸뚱어리로 긴 한숨과 잠을 설치는 밤
슬금슬금 온몸을 타고 올라 흥건한 울음소리를 낸다
끙끙 앓는 내 역정이 겨워서 의사는
내 몸 등허리 이력을 더듬느라 안경 낀 눈으로
들여다보며 확신하는 약을 먹어도
평생을 안고 가야 한다는데
참으로 질긴 근심 함께할 깨달음의 길
좋은 약수 떠다 마시며 위로받고
불면을 인정할 수밖에 없는 지금도 그렇다.

뒤란 샘물터 저쪽

평생을 퍼 올린 물을 다시 눈물로 짜내며
아들딸들 밥해먹여 빨래도 혼자 하며
근심 걱정 샘물에 헹구어 널었는데
뒷산에 나무 심고 밭에는 들깨 고추 심고
자식은 도시로 유학을 떠나고
고향산천 땅과 함께 숨 쉬며
요양병원에서 괴로움과 아픔을 참고 견딘 뒤
생을 마감하고 빈손으로 묻혀 잊혀 가는데
그 세월 흘러 흔적 사라진 뒤란의 샘물터
바싹 마른 바가지처럼 덩그러니 놓여있고
물처럼 흐르지 못한 빈집 안에 지우지 못한 것들
저놈의 파편들이 묻어있는 부엌 안쪽은
시간의 변종이었나 소멸의 실체가 느껴진다.

당신의 손거울 보다가

아침마다 손거울 보는 당신 보며
갑자기 눈시울이 붉어지는 때가 있다
손거울 속에서 당신의 청춘을 볼 수는 없지만
돌아보니 당신에게 옷 한 벌 사준 기억이 없다
지금이라도 안개꽃 한 다발 가슴에 안기며
다시 한 번 청춘으로 되돌릴 수 있다면
추억은 빛이 바랠수록 아름다워서
아침마다 거울 보는 당신이 아름답다
사랑한다는 말조차 못 하는 내가 늘 미안했다
생명을 쏟아 붓고 지극한 모성으로 키운 딸
아침 햇살처럼 눈부실 때
나는 그저 당신에게 감사하고 감사할 따름.

옹이 기억

쓸쓸한 옛집 타향 길 떠나버린
옛사람들 마음이 머물다 갔던 집
삐거덕, 오래된 그 정지문 독백에
낡은 옹이가 빠져 그 옹이 속 시간

어두운 무언가가 보여 저것 때문에
아궁이를 바라보다가
묵은 곡식은 다 떨어지고
끝날 줄 알았던 춘궁기
기다리다 지쳐 오지 않은 사람들

정지문 옹이의 기억 속에
알 수 있었으리라 부엌 한편에
울고 있는 정화수 종지 그릇
더 옛적 생의 끄트머리에
먼지만 쌓였다.

옥수수를 심으며

옥수수 씨앗을 심으며
가뭄을 견디고 초록으로 잘 커서
한 광주리 가득하길 꿈꾼다

등짝에 밴 땀과 이마에서
뚝뚝 떨어지는 땀방울 마시며
옥수수는 키를 높이고
허공을 채워나가는 동안
잡초는 더 무성하게 번져 나간다

호미가 맹렬하게 땅을 갈라
잡초가 시들해지는 오후

단비 내리는 소리 구성지게 들리면
시들었던 풀들이 먼저 젖는다
에라 모르겠다, 나도 젖는다.

프로선수의 길

함성으로 네트를 넘어 허공으로 공을 때린다
스파이크에 몸을 날려 살려내는 치열한 공방
공을 받아 가슴을 활짝 펴고 다시 스파이크
시간차 공격으로 끝난 줄 알았던 경기에
다시 불을 지피는 디그와 수비수 집중력
한판 졌다고 끝나지 않는다는 체육관 TV에서
모든 것 표현하는 응원 열광으로 달아오르고
프로배구선수 삶은 리그다 토너멘트가 아니다
그래서 선수는 다시 시합을 준비하고 나간다
체육관 바닥을 구르며 운동화 마찰 소리
파이팅을 위한 치밀한 동작과 예측으로
점수 차 크다고 포기하면 안 된다는 걸 배워
돌파구를 만들어 낼 수 있는 누군가 중심으로
손등 위에 손 구호를 외치며 다시 시작되는
승리의 희망과 찬란한 열정 자존감이 살아있는
프로선수 인생이다.

돌산 가시네 가난하니

바닷가 돌산 작은 농촌 마을 억척스러운 삶의
풍경이 있는 곳 소 기르며 따사로이 가난하며
오남매 부모 돌밭을 일구며 어느 날 큰오빠
월남전 파병으로 옹기종기 생사가 궁금한데
셋째 오빠 고깃배 타러 떠나 더 못한 삶을 이어가고
갯바람에 소라고둥 굴 까내서 어렵게 살아도
살아가면서 가장 중요한 것이 가족이란 생각하며
섬을 떠나 육지로 식모살이 돈 벌러 고향을 떠나고
그 돌산 가시네 어린 나이 고생살이 뼈아프게 번 돈
어미는 눈물 밴 돈을 손에 쥐고 흙먼지 자욱한
황톳길에서 멀어지는데
고향마을 내 가족 소식 얼굴이 떠올라 눈물을 삼키며
물결이 출렁대는 섬으로 건너는 나루터에서
돌산 그리움 평생 가슴에 안고 숙명처럼 회고하며
그렇게 어려운 삶을 살아왔노라고 딸아이에게
추억의 이야기보따리 풀어놓는다.

제2부

복지관 가는 길

밤새 함박눈 내려 쌓인 댓잎
대숲 속 시간은 눈과 함께 뒤섞여
부드러운 눈 풍경화 한 장으로 그려져
새로운 산책길 복지관 가는 길

푸른빛의 대숲 속으로 걸어 들어가면
고요하던 내 마음 와르르 쏟아지듯
새들 쫑알대는 소리에 귀를 기울이다
한겨울 눈길 속에 내 흔적들을 새긴다

눈 쌓인 낙엽을 밟고 있는 내 발자국
송이 눈 댓잎 사이로 더 들어가면
대숲 속으로 난 굽이굽이 계단길
끝나는 곳에서 두근두근 난타 소리.

복지관의 봄

서로에게 그리운 사람이 되자고
복지사와 장애인들과
복지관 화단에 봄꽃을 심는다

기대하는 마음으로
그 봄꽃들 사이에 호미를 대며
아지랑이 피어오르는
봄 하늘을 가만히 우러러본다

봄은 서로에게 동력이 되어
맑고 푸르게 살아가자고
봄꽃은 우리에게 속삭인다.

모두 다 꽃이다

세상은 또 다른 계절로 바뀌어
기우뚱하는 몸짓들이 휠체어 바퀴를 굴려
봄바람처럼 설렌다

오랜 망설임을 끝내고 계획한 나들이
그동안 쌓였던 말들이 툭툭 튀어나오며
풀 냄새 싱그럽던 동정호 걷기
이때만큼은 장애도 비장애도 없는 시간

오늘 하루 그대 만땅 충전돼서
무지개 햇살이 얼굴에 번지니
모두가 꽃이다 모두 다 꽃이다.

복지관 식당

코로나19에 문이 닫혔던
급식소 정지된 시간이 풀리고
오늘은 세상에 갇혔던 마음을 열고
장애우 발걸음은 복지관 급식소로 향한다
활동 보조인 밀어주는 휠체어 타고
식권 손에 쥐고 복지관 식당 문이 열리면
따뜻한 점심 한 끼 먹을 수 있는 곳
배식판을 들고 배시시 웃고 있다
기웃거리다 꾹 다문 입 순서를 기다리며
다가오는 이들 반기며 웃는 영양사
입 안 가득 목젖이 허기를 터트리자
고마움마저 쑥스럽다.

대숲

혼자서 계단길 대숲을 지나며
먹고살기 위해 정해놓은 하루의 일과

때까치 산새들 소리
문안인사로 들으며 출근길에 오른다

숲 그림자를 눕히고 모여든 참새 떼
부리로 쪼아 만든 무리의 합창

낙엽 쌓인 길 되밟으며 오르는 퇴근길
하루 일과를 대숲에 바친다.

복지관 주차장

오전 열시쯤이면 복지관 주차장으로
수강하러 들어오시는 어르신 차량들
장애인 주차공간도 무시하고 막무가내다
지난 세월 거칠게 살아오면서
양보하면 손해 본다는 게 몸에 밴 탓일까
어르신, 그 자리에 주차하면 안 돼요
거기에 주차하면 범법행위, 벌금 내야 해요
아무리 말씀드려도 소용없다 무법자다
이 곳은 나이가 계급이니까
나이밖에 내세울 게 없는 곳이니까
그래도 아침햇살 건져다 조용히 설명하면
부끄러워하며 밝은 미소로 응하시는 분도 있다
그래서 세상은 도매금으로 매기면 안 된다.

봄날의 수채화

따스함을 머금은 맑은 하늘엔
계절을 올리는 항해길 아득하게
넓게 품으라고
흰 구름이
허공 저편으로 천천히 흘러

따스한 기운이 가득한
풀처럼 돋아난 둘레길 강마을 풍경
은은한 초록 내음에 취해
봄은 저마다 색으로 자태를 뽐내며

알록달록 봄꽃들
사이로 나비들이 날아오른다
바람에 몸을 맡기며 향을 문질렀다.

봄나물 장터

들판에도 메마른 풀숲에서도
새싹이 돋아나고 봄처녀 되어
봄의 마음으로 되돌아간다

쑥부쟁이 달래 냉이 쑥 원추리
돌미나리 다듬어 소쿠리 가득 담아 놓고
오가는 손님을 쳐다보지만

값을 물어오는 사람은 아무도 없고
할머니의 거칠고 굵은 손마디는
소쿠리 속 애꿎은 바람만 뒤집는다.

봄날의 강

봄 향기 따라 강물 굽이굽이 흘러
푸른 물결은 언제나 하늘을 담고
팔십 리 물결 하동포구 마중한다

벚꽃 아래 강변길 꽃바람이 일어나
그 반짝이는 물, 봄 강의 미소
어디론가 떠나고 싶어 내 가슴 쿵쿵

포구의 주막에서 술잔 오가며
흘러간 추억의 노래에
창밖에서 손 흔드는 벚꽃

가로수 길보다 더 멀리 달아나버린
봄 하늘에서 새소리가 들려온다
하늘 나는 새들도 에헤야 봄이로다.

수다

늙고 외롭고 쓸쓸한 사람들끼리
이야기 나눌 사람들은 복지관에 온다
와서 하루 종일 수다를 떤다
고령화사회라서 말할 사람도
말 들어줄 사람도 필요한 세상
수다가 마려운 날 복지관에서
수다 떨고 나면 속이 후련해지고
가끔은 위로까지 받는다
오늘도 마음 곱게 빗질하는
이야기보따리를 푼다.

경전선의 추억

해 뜨는 경전 철교 무지개다리
새벽이면 첫차로 섬진강을 깨워주던
강물 위로 놓여있는 녹슨 빔 철교

다리 건너면 무등암 종소리에
새벽부터 동네 아낙들은
재첩 잡는 거룻배 흔들리고
강바닥 긁는 내 몸이 흔들리고

오래된 송림 숲 사이 물안개 걷히면
꿈같이 보낸 그 시절 편안한 강마을
경전선 열차 타고 고향으로 가고 싶다.

그리움의 강

굶주렸던 시절 부엌 바닥에 쪼그려 앉아
천대받던 사연 으깨어서 허기를 되새긴다

푸르고 푸른 그때 그 강물 다시 한 번 본다면
그 강이 품어 안은 어린 흔적들

배곯음을 절대로 잊지 못하는
하루하루가 거기에 서성이고

가난한 추억으로 넉넉한 사람들끼리 모여
유년의 기억 못 잊는다는 말을 자주 한다.

봄이라는

한 노파가 바람 속에서 피어나는 꽃처럼
살아온 이야기를 훌쩍이며 피우고 있다

내 인생도 이렇게 될지 몰랐는데
살고 보니 봄이라는 말도 있네

아이고, 내 살아온 것 자식들도 몰라
무시로 밥 굶고 다녔어
하루에 밥 한 끼만 먹을 때가 많았어

아침은 굶고 낮에는 나물 팔고
다랑논 한 배미 사서 살아보려고

모질고 독한 시절을 지나기까지
밥 굶고 걷던 시골길 봄꽃이 싫었단다

밭고랑에 숨어 울던 세월
지나고 보니 허망하단다.

섬진강 별곡

 떨어지는 꽃잎에 무상함을 느끼며 강나루에 오르면
 강바람에 밀려왔다 밀려가는 물결 위에 가슴 아픈 그 사연들
 나룻배 바람에 노는 풍경 뜬구름 한 가닥으로 다가오네!

 뱃길 떠난 사람이 남기고 간 족적을 섬진강은 알고 있다만
 내 마음 묻지도 않고 강물에 떠가는 버들잎처럼 옷깃을 흔들고
 맺지도 못할 이야기 왜 내게 남겨 놓았나?

 물 좋고 산이 좋아 구름 따라 마음대로 노니는데
 강바람에 울고 간 물길에 손 흔드는 갈대 포구의 이별
 꿈같이 지나온 길 노을로 물들이며 사랑가로 녹였더냐.

아비의 한탄

딸아이 배구경기를 TV 생중계로 보는데
발목 부상으로 들것에 실려 가는 모습,
땀범벅이 된 눈가에 눈물이 흘러내리네

내 가슴이 무너져 내리네
딸아이는 괜찮다고 별거 아니라고
걱정하지 말라며 전화 오지만
내 맘은 천 갈래 만 갈래 찢어지네

쌍계사 일주문 앞에서부터 합장하네
간절한 내 기도는 계곡을 벗어나지 못하고
계곡물소리에 내 기도 소리는 묻히고 마네
무능하고 보잘것없는 아비 마음만
불일폭포 용소보다도 더 깊이 소용돌이치네.

제3부

낯선 하루

나는 늘 가난한 놈이다
한바탕 격랑을 치르고 나서
늘 만만치 않았던 마음
눈시울이 뜨거워지는 까닭은
한 번도 부자가 되지 못하고
늘 그렇게 살았다 그렇다고
받지도 않고 주지도 않았다
언제나 가난하여서 힘들지만
맨발로 시작하는 내 마누라
실밥이 터진 옷소매 걷어붙이고
남몰래 헛기침 두어 번
언제쯤이면 알아들을 수 있을까?
심기 뒤틀리는 일 없을까마는
한 줌의 쌀을 씻으며
커다란 짐승의 눈망울에
그렁그렁 피눈물을 본 것도 그때였다.

내일로 가는 길

여기까지 길 없는 길을 허둥지둥 걸어오는 동안
슬픔이 가득한 꿈으로 막연하여 숨죽이고
뜨거운 태양 아래 맨발로 걷기도 하고
절벽 위를 허겁지겁 뛰어가기도 하였다

고단한 발등을 쓰다듬으며 묵묵히
며칠 밤낮을 번민하며 응어리진 내 고뇌,
구불구불하게 흐르는 시간이 내 길인걸

눈물로 그린 인생의 지도는 아직도 미완성
오늘 밤도 또 하나의 둥그런 달을 보며
번민만 파문으로 번져가는 불면의 밤.

눈이 내리면

눈 내린 먼 산이 마을을 감싸고 있는
적막한 배경에는 언제나 아버지가 있다
어린 자식 두 손 꼭 잡고 강물을 보면서
고갯마루 바라보며 짓던 하얀 쓴웃음
가난한 어린 자식 안고
시리디시린 내 고무신 데워주었지
가슴속에 숨겨둔 내 아버지—
취해서 들려주시던 세상 이야기로
눈 내리던 겨울밤을 지새우던 시절이 있었지.

평사리역

거무스레한 땅거미 내 곁에 서서히 다가오고 있다
돌담 따라 초가지붕 기와지붕 악양에 들어서니
창에 불 켜진 월선이네 주막집 절망과 쓸쓸한 것들
그들이 나란히 강을 보고 있는 모습이 보인다
온몸에 스며드는 평사리 우직한 사랑
풀잎 이슬 돋아나는 새벽안개 창백한 들꽃
호박넝쿨처럼 흔들리는 용이 심정은 매한가지
청춘의 시간 사라지고 상처들을 부려놓는 평사리의 저녁
오래전에 부치지 못했던 무딤이 바람의 서찰
지금쯤 간절한 바람들이 그윽한 물길 아른거리는
섬진강 물결 위 노을 속으로 스밀 것이다
나, 느리게 살다 가리라 이승에는 없는 역.

초연차를 만들다

이른 봄 다양한 어린순을 따다가
쪄내고 말리고 덖기를 여러 번
어쩌면 온전한 맛을 위해서는
살살 달래고 구슬리는 의식이 필요한가 보다
비비고 상처 내기를 반복하며
새순에서 향기를 얻는 차
시련의 관문을 다 통과하고 나서야
향으로 위장된 초연차의 향기를 맡으며
마음을 가다듬고 황갈색 찻물을 마시니
저 멀리 섬진강 바람 소리 닿는 풍경들로
내 안에 찻물 같은 평화가 깃들 것이다.

겨울날의 풍경

향교 오르는 언덕길 바람 잦아드는 곳
어려울 것도 쉬울 것도 없는 하루가 저물고
홍시 떨어지는 소리에 정적이 깨진다

남루한 살림을 늘어놓는 빨랫줄에는
내 작업복 바지 옆에 아내의 해진 속옷과
무릎 늘어난 바지가 걸린 채 종일 흔들린다

귀 막고 눈 감고 사는 세월이지만
덩그러니 서있는 우편함 속으로
고지서 한 장 남기고 배달부는 떠나가 버린다

하루 내내 흐르는 강물만 바라보다
나도 모르게 젖어드는 외로움
딸아이 소식은 사진으로 보고 있다.

봄 편지

메마른 가슴 한껏 비벼
아지랑이 따스한 웃음으로
온몸으로 꽃 터트리는 봄날
풀냄새 상큼한 산길 넘어 물길 건너
웃음으로 한들거리는 매화 사이
봄 편지를 받아보는 듯 싹트는
달래, 냉이, 쑥부쟁이 소쿠리에 담아
봄, 사립문 앞에서 기다립니다.

노랑버스 다시 온다

새날에 노랑버스 덜컹 문 열리며
다시 봄물이 번지기 시작할 무렵이다
꿈틀거리는 늙은 세월 쑥스러워하며
지팡이 하나둘 어슬렁어슬렁 빠져나온다

세월의 들꽃 곁에 걸어온 누런 길
울지 않고 서툰 관절을 풀어 헝클어진 시간
빗질하는 노인 장애인 복지관에 와서
볼펜을 건네받은 노인의 손은 떨리고 있다

할 수 있단다. 프로그램 신청 의지는
이제 저 노인들은 새로운 언어에서
작은 것 큰 의미를 읽을 줄 아는 안목으로
대화는 대화를 끌고 와자지껄 걸어 나와
내일의 나를 바라보며 느리게 사라진다.

꽃길을 가다

4월의 강변 벚나무 꽃길
봄을 생각하는 수채화처럼
바람의 아름다운 빛깔을 느끼며
움츠렸던 몸을 털어내며 걷는

햇빛도 바람도 인연이 되어
여울에서 가파르게 흘러가는
강물에 꽃잎 떠밀려 그 떨림이
가슴을 저민다

수많은 사람과 꽃길 사이
멀어져가는 그림자까지 보내주며
흩날리는 꽃잎 부디 오래 남아주오
벚나무 쳐다보며

지는 꽃, 더욱더 아쉬워하며
봄날 한철 밀려드는 차량 행렬
걸을 때마다 휘청거린다.

대숲을 찾아서

강 하류 배가 드나들던 물길 대나무 숲
그 뿌리는 밀물에 소독 끝낸 상처들
물길이 방향을 틀어 횡천강 오른쪽 햇살에
잦은 통증을 말리는 대숲도 바람에 서걱거린다

강바닥을 훑던 정그레 물상의 몸짓
첨벙대는 사람 하나 떠오르는 이야기는
바람에 눕는 대숲에 깃발처럼 흔들려
그 소리 듣노라면 강물 소리가 일었고

강바닥은 버짐처럼 까칠하게 번지며
겨울의 벼랑 끝과 차디찬 세월 이야기
강물을 타고서 멈춘 시간 속으로 흘러가고 있다.

소중한 하루

휠체어를 미는 사람들
흰 지팡이 하나 믿고 걸어오는
깜깜한 시각장애 사람들
도우미 선생님 손을 잡고

복지관 2층까지
식당으로 향하는 지적장애 청년들
두 손 가득 보듬어 봐도
더 따뜻하게 보듬으라고

그들은 소중한 하루를
의자에 앉듯 난간에 기대어
꿈틀거리는 시간을 굴린다.

이 흔들림이 없다면

바람에 바람처럼 흔들리며
살아가는 봄날 이곳 명물은 상큼한 배
누군가는 놉으로 노동으로
배꽃 피는 풍경마저

습관처럼 삶을 지탱해 주던
낡은 생활 속에
감긴 연줄처럼 풀어내는 일이다
몇 번의 바람이 사나웠고

낙과에 절은 상처들 일치된
의지로 서로에게 풍성함으로
기류를 타고
이곳을 들르는 외지인들

잊고 있던 추억들을 손 감각으로
햇배의 껍데기를 깎아 내며
한입 베어 물고 있다.

수선화

그렇게
눈물 나고 서러운 날들
바람으로 떠돌며

작은 새순 돋듯
피어난 텃밭 정원에
설레었거늘

봄볕에서
사랑의 꽃을 피우며
딸아이 목소리

아빠!
창문을 열고
그 티 없는 노란빛

수선화 향기
너를 보낸 오늘처럼
밝음 흐르고 있을 그 꽃.

산 그림자

햇살에 베인 저 아득한 산 그림자는
두 쪽으로 회상과 적요를 동반한다
곤줄박이 울음과 직박구리 울음이
촘촘히 짜여

허공을 떠도는 매 한 마리 파닥이는
날갯짓은 허공을 돌아
바람을 타고 어디로 흘러가는 걸까
그 언덕을 따라 내려가거나
올라가는 길은 또 하나의 언덕

꼬불꼬불 하늬바람 속 꽃들이 꺼내는 말
허공을 꼭 잡고 꺾어 보는 열매
풀 속에서 신발짝을 찾다가
가볍게 일어날 수 없는 무거움
산 그림자 술래를 찾아 걷는다.

절필의 기억

그날, 멍하니 섬진강을 바라보다
시를 버릴 생각을 하고 있는
나를 보았다

생활고에 내 숨은 의지가 꺾인 것일까

이제는 더 내놓을 것도 없어
가장 소중한 희망을 지워버린 것이다

감동을 주는
좋은 시를 쓰는 것도 아니지만

못생기고 허름한 그 시들을 쓰는 시간이
내겐 작은 위안이었는데.

제4부

아카시아 피고

봄날이 가는 강 언덕 산길 따라
하얀 꽃송이 바람 부는 데로 꽃향기
은은하게 번지는 아카시아 바라본다

보릿고개 한숨으로 꽃 무더기 바라볼 때는
손에 닿지 않는 아카시아 꽃송이
내 키를 훌쩍 뛰어 겨우 가지 하나를 잡고
꽃 한 송이 생으로 훑어서 씹어 먹던 너는
유년으로 그것을 기다려오지 않았는지

오월의 아득하고 그리운 것들은
이제는 한 뼘쯤 돌려놓아야 할 때
하얀 아카시아꽃 슬픈 손끝에 닿지만

서쪽 일몰에 짙푸른 들녘 개망초는
물결처럼 일렁거려 여러 갈래로 흩어져
허공은 새소리들로 가득 차 있다.

하동공원에서

바람의 조형물로 가는 그 언덕
'시의 언덕' 새겨진 하동공원에 들었다

지구처럼 자전하며 몸을 접어
어깨를 돌리며 저절로 허공이 되고

몸과 마음은 하나 되지 못하니
갖은 잎들이 흔들리며 아는 체

허공보다 높이 있는 공원길을 걸어
정자 아래 도무지 이해할 수 없는 한시들

나는 다만 풍경을 바라보며
고요히 일렁이는 윤슬을 읽을밖에.

초록으로

봄날 부푸는 초록 잎사귀들
그곳에서 생의 온기들
몽실몽실 살아나는 꿈으로
벌써 환생한 것일까?
숨결들이 그대 손에 닿으면
향기를 데려와
끝내 사라지질 않는 향을 머금고
온몸이 초록으로 가득한
가벼움으로 산이 되어 본다.

어떤 가을의 노래

가을이면 나는 당신의 노래가 듣고 싶어요
하지만 이젠 모든 게 추억이네요
그대의 노래가 들리는 듯
나뭇잎 따라 흘러가는 강물은 어디쯤 가고 있을까요
아무도 손 흔들지 않는 가을이 지나가네요.

강의 무늬 쌓는다

덧없는 세월 그 기억의 퇴적물
바람과 저 구름이 내려앉은 산수화
강이 겪는 시련과 수난을 새겨 넣는 무늬에
잃어버린 세월만큼 기억을 흉내 내는 무늬들
강 안쪽을 기웃거리고 호기심에 매달려
돌 하나에 마음과 정신을 하나로 만들어
독특한 선과 무늬에 잠깐 취하다 보면
물가에 서있는 생명의 나무들과 함께
저것은 산과 강의 문양 끝에 저장하고
세월이 할퀴어낸 자국들 제빛을 꺼내며
정교한 체면이라는 수반 위에 올려
강울음의 화석이 된다.

강물 흘러서

산골물 개울물 강으로 논과 밭으로 흘러
땅이 겪은 시련과 수난은 농민들의 삶
그 물길 붙잡아 평생 땅을 일구어
농부는 **뼈 빠지게** 농사를 짓고

허리 휘어지도록 흐르는 물을 가두어
밭 모서리 닳고 닳으면서 쟁기를 끌어
터를 일궈 그렇게 계절을 만들고

강이 그렇듯 물길 따라 감도는 마을마다
짓눌려 살아왔던 농민들 소리가 웅어리진
눈부신 가을 들녘 마주했을 때
그렇지, 고통은 이미 흘러가 버린 것 아닌가.

가을을 찾아서

가을을 찾아서 산에 오르다가 만나는 은빛
눈부시게 흩날리는 억새꽃 만나며
온몸으로 근심을 지고서 산에 들자
바람은 숲에 제 속 깊은 말을 건네주고 있는데

맑고 차게 흥얼거리는 물소리에
기묘한 바위들 그늘 짙어 위대한 모습
고요한 숲에 새들이 온몸으로 우는지
가을 산 청아한 새들의 노랫소리 들으며

시월의 빛 위로 형제봉 바위산 붉은빛 사이에
절대로 다시는 널 잊지 못하게 햇빛도 푸르다
솔향 가득 머금고 다시 내 삶의 냄새를 맡는다.

참새의 하루

참새는 차를 마시며 생각했다
인간 세상
참 왜 이리 야단법석이 난 거지?
욕심으로 커진 가슴 때문일 거예요
험한 세상 외줄타기 하듯
속절없이 널뛰는 것인데
마주 보며 한바탕 유세를 부린다
뛰어내릴 테면 뛰어내려 보라고
입술을 깨물고
힘내, 처진 어깨 다독이며
참새는 혼자 놀지 않는다.

부추꽃

장맛비에 젖은 이파리들 사이
부추꽃이 피었다
푸른 잎 굵은 현이 사르르 올라오면
쓱 싹 베어내 반찬으로 내어주던
부추 그 이름
가만히 아파도 이것은 또 올라와
절절히 지쳐낸 이것은 또 무엇인가?
부추 부침개로 달콤해지는 새참
농심의 시간이 가을을 알리듯
잃지 않고 순백의 작은 꽃으로
그리움들 허공에 피워 놓았다.

여름 농부

장마가 지나간 농로 잡초가 천지다
낮은 밭고랑엔 풀들이 허리춤까지 자랐다
제초제를 사용하지 않아
논두렁까지 풀들이 무성하다
정겨운 이름에 풀들이 즐비하다

별꽃아재비, 망초, 비름, 소리쟁이, 질경이,
애기똥풀, 바랭이, 쇠뜨기 계절 따라
억세어지며 쓰임새가 없으니
농부는 낫을 갈아 날을 세우고
풀 깎기에 땀방울 등줄기 타고 흘러내렸다

어스름 땅거미 질 때면 풀 망태 메고
납작 엎드린 논두렁 콩대를 더듬거리며
한 발 한 발 건너 발길에 채지 않게
세월이 거칠게 할퀸 손등으로 낫을 움켜쥐고
황소처럼 걸어가니 계절만 깊어져 간다.

고사리 꺾으며

앞산 뒷산 진초록으로 깊어지는 시간
뿌리를 감춘 산나물들 생동감에
뻐꾸기 소리 낭자하게 들리고
산언덕 수풀 속을 기웃거려

젖어보라 산비탈 한숨 소리에
바람이 들꽃을 밀어 사색의 나물들 속에
허리 숙여 풋풋한 고사리 꺾어 들고
초록빛 흐르는 이 계절에
엉겅퀴 피는 한나절쯤 젖어보라

용케도 삶아낸 고사리 산나물들
신록의 향기로 늦봄 자연이 주는 감동을
납작한 바구니에 담아 볕에 널고 있다.

자전거 타고 벚꽃길 엔딩

겨우내 붉은 녹빛으로 채색된 자전거
담벼락에 기대선 채 봄날이다
봄이 오면 다시 피듯
꽃잎은 화들짝 피어오르면

벚꽃 핀 강변을 누비며
자전거 타보고 싶은 거다
꽃향기 맡으며 꽃나무 사이사이 지나며
강물빛 페달을 신나게 밟아보는 거다

여울목 강변 모퉁이에서
물살이 푼 몸짓으로
물소리 같은 휘파람을 불어 벚꽃 꽃봉오리
사이사이 핸들을 꺾기도 하면서

봄날 설렘으로 한껏 부풀어
뒷바퀴에 벚꽃을 하르르 날리며
한없이 봄 길을 달리는 자전거
삐거덕거리는 소리도 경쾌하다.

술 한 잔 줄 수 있겠나?

오랜 세월 버티고 보니
청춘은 바람에 휘날리는
눈꽃처럼 날아가 버리고
누가 날 알아주리오

잔을 채우는 눈물에
지나간 청춘 그리워
돌아올 수 없는 시간을
쓰디쓴 술잔에 따른다

냉정히 등 돌린 세월이여
심장에 묻어둔 못난 죄
그 설움 어찌 다 말할까?

길게 드리운 구름처럼
그저 잠시 쉬었다 가자는 인생아!
오늘 나한테 술 한 잔 줄 수 있겠나?

꿈꾸는 창고

시린 달빛 속에서 평범함의 바깥에서 서성였고
벽돌 속 낯선 검불과 쓰레기 공간
오랜 기간 방치했던 창고
상상하던 제 속은 얼마나 억눌러야 했는지
저 안에 박혀있는 내 삶의 헐거움들이
창고 속 허접한 쓰레기들로 진을 치고 있어
못 쓰는 물건 쓸어 담고 벌레들의 향연 끝내고
꿈꾸는 창고로 재건하는 일은 쉽고도 어려운 일
나 자신을 설득하며 철물점을 찾아들곤 했었다
꿈을 꼭 닫고 있던 창고의 모습이 열리자
창고 바닥을 더듬거리던 시심이 살아난다
커피를 마시며 여백을 만들자 떠오르는 생의 촉들
어떤 문장들을 파낼지 행로가 궁금해지는 것이다.

맨드라미

기상이변으로
가뭄이 아닌 불볕을 견디며
세상을 향하여 휘갈기는 붉은 붓끝

불사조의 벼슬처럼
강렬한 색 선명하다

열매도 아닌 것이
살아내야 하는 힘으로
온통 마당가를 치장한다.

해설

| 해설

녹아서 없어진 말들, 난청의 시쓰기
- 최동옥 시인의 삶과 문학

김남호 (문학평론가)

1.

우리는 종종 시인에게 '왜 시를 쓰느냐'는 질문을 한다. 시에 대한 시인의 생각을 집약해서 듣고 싶을 때 이 질문을 하게 된다. 너무 마땅한 질문이고 평범한 질문이지만 때로는 이 질문이 폭력이 될 때도 있다. 누구나 시를 써야 하는 분명한 이유가 있는 것은 아니기 때문이다. 그래서 이 질문은 '왜 사느냐'고 묻는 것만큼 곤혹스러울 수 있다.

살아야 하는 이유가 없다고 죽어야 하는 게 아니듯이, 시를 쓰는 이유가 없다고 시 쓰기를 그만두어야 하는 것도 아니다. 오히려 그 반대이다. 이런 시인들에게 '왜 시를 쓰느냐'는 질문은 한가롭거나 사치스러울 수 있다. 그들에게는 시 쓰기가 곧 사는 일의 일부분이어서 분리가 안 되기 때문이다. 그들에게 시 쓰기는 일종의 비명이고 최소한의 존재 확인이다. 사는 일이 너무 힘들고 고통스러울 때 비명조차 지르지 못한다면 어찌 견디랴. 내가 왜 사는지 막막하기만 할 때 시라도 한 줄 안 쓰고 어찌 배기랴. 초라한 내 화단에 어느 날 민들레 한 송이가 피었을 때 시가 없다면 무엇으로 희열을 표현하랴.

질문이란 묘해서, 질문에 답을 하는 순간 답을 하는 사람이 명료해지는 경우도 있지만, 답을 하는 순간 답하는 자가 사라지는 경우도 있다. 후자에게 질문은 폭력이 된다. 내가 아는 최동옥 시인이 그렇다. 그에게 '왜 시를 쓰느냐'고 묻는다면 그저 호떡이나 뒤집을지 모르겠다. 그에게 시는 살아가는 근사한 구실도 아니고, 자신을 돋보이게 하는 악세사리도 아니다.

세상이야기는 끝나지 않은
이야기로 금세 사라지지만

영원히 남는 기록들을
축구선수는 축구공에 싸인 하고

배구선수는 배구공에 싸인 하고

야구선수는 작은 공에 싸인 하고

으깨어진 어깨로 지게를 부리어
누구를 만나든 농부였다고

농부가 벗어놓고 간 저 삶의 무게
그대로 싸인이 된다.

- 「싸인」 전문

  시인이 말하는 '싸인(Sign)'은 무슨 신호나 상징이 아니다. 나를 상대에게 증명해 주는 일종의 표식이다. 하지만 종종 단순한 표식을 넘어 성공의 증거로 인식되기도 한다. 유명 인사를 만났을 때 사람들은 '내가 그 사람을 직접 만났다'는 증거로 싸인을 요구하고, 상대는 기꺼이 싸인을 해준다. 그런데 유명인과는 거리가 먼 최동옥 시인에게 싸인이 특별한 이유는 그의 딸이 유명한 배구선수이기 때문이다. 그의 딸이 팬을 자처하는 사람들에게 "싸인"을 해주는 모습을 시인은 흐뭇하게 지켜보곤 한다.

  그래서 시인에게 싸인은 "금세 사라지"는 세상 사람들의 관심("세상이야기")을 "영원히 남"겨두는 "기록"이다. 한때는 잘나가는 선수였음을 축구공에, 배구공에,

야구공에 기록해서 건네주는 것이다. 하지만 싸인을 반드시 유명 인사만 남기라는 법은 없다. 누구나 자기 삶의 흔적과 상처를 싸인으로 남긴다. 시인은 "으깨어진 어깨"로 스스로가 농부였음을 "싸인"한다. 이 싸인을 통해 시인은, 나는 비록 가진 것 없는 농부로 뼈 빠지게 살았지만, 내 딸을 국가대표 배구선수로 키웠고, 딸아이가 하는 저 싸인이야말로 내 노동의 보람이자 내가 세상에 왔다가는 "끝나지 않은/이야기"라고 말하고 싶은 게 아니었을까. 그러므로 누군가가 최동옥 시인에게 왜 시를 쓰느냐고 묻는다면 "싸인을 하기 위해서"라고 답할지도 모르겠다.

2.
이처럼 최동옥 시인의 삶은 녹록치 않았다. 그는 1960년 전북 임실에서 태어나고, 전주에서 성장했다. 서울에서 잠시 직장생활을 하고 결혼했다. 하지만 이내 서울 생활을 청산하고 어느 날 운명처럼 경전선 열차에 올랐고, 그저 '섬진강이 좋아서' 낯선 하동에 정착했다. 가진 거라곤 몸뚱어리밖에 없었던 그는 돈이 되는 일이면 뭐든 했다. 막노동에서부터 풀빵장사, 목욕탕 보일러공, 호떡장사에 이르기까지 쉬는 날이 없었다. 그의 아내도 마찬가지였다. 농사일에서부터 구멍가게, 매실 쪼개기 등 잠시도 손을 쉬는 법이 없었다. 한때 그의 구멍가게였던 〈중앙상회〉는 하동읍내의 명소였다. 가게 앞에서 굽는 그의 호떡은 맛있기로 소문이 났고, 창업을 안내하는 어느 프로그램에 초청돼서 '호떡 강의'도 했다. 그에게 '삶의 무게'는 온몸으로 치러야 하는 '돈의 무게'에 다름 아니었다. 그 외에는 허식이고 가식이었다.

>노가다 일용직은 멈춤이 없다
>내 몸 하나 숫자 손가락으로 처분되며
>드나들던 인력사무소 어둠의 골목 시간에도
>호명을 기다리는 순간은 애절해지는지
>야광 띠 작업복 안전화에 저 삶의 무게
>무엇인가 가득 실려 있는 근심으로
>쌉싸름한 담배연기 내품는 공사현장에
>차가운 냉기만 남겨진 아시바에 두 팔을 건다
>나보다 더 힘든 지축을 흔드는 굉음 풍경에
>이름도 모르는 공사현장 용어들 속으로
>성난 불빛만 반사되는 낯선 작업들
>일당으로 늘상 그대로만 살아가는 일용잡부
>가느다란 목소리 소주잔에 채워져 있다.
>― 「삶의 무게」 전문

오랫동안 그는 새벽 시간에 인력사무소에서 대기하며 "노가다 일용직"으로 어디론가 팔려가기를 기다리며 하루를 시작해야 했다. "내 몸 하나 숫자 손가락으로 처분되며" "호명을 기다리는 순간은 애절"하다. 오늘은 어디에서 무슨 일을 해야 할지 모르는 상황, "야광 띠 작업복 안전화"에 "무엇인가 가득 실려 있는 근심"으로 그의 몸은 이미 무겁다. "차가운 냉기만 남겨진 아시바에 두 팔을" 걸고 "이름도 모르는 공사현장 용어들 속으로" 들어간다. "성난 불빛만 반사되는 낯선 작업들"이 기다리고 있다. 하루치의 노동을 팔고, 그 값으로 일당을 받고, 물먹은 솜처럼 무거워진 몸을 끌며 돌아와서 "가느다란 목소리 소주잔에 채"우면 하루가 끝난다. 그는 오로지 가족들을 위해서 버텨야 한다는 일념으로 견딜 뿐이다.

　　힘들었던 그 시간을 채우고
　　날이 어두워졌다
　　시린 두 손을 바지춤에 묻어
　　집으로 가는 터덜터덜 그림자
　　대숲 계단을 걸어 올라갈 때쯤
　　불어오는 바람 한줄기 속에서
　　흔들리는 나뭇잎 바라보니

여전히 유효함을 알게 하듯
내가 나의 타인이고 싶을 때
모든 것을 덮고 싶은 가로등 불빛
산다는 것에 허무함이 찾아올 때쯤
그 길 끝나는 곳에 어슴푸레함으로
서있는 그림자 모습은 아내였다
서로를 위한 인정받고 싶은 삶의
시간으로 가장 따뜻한 저녁 먹었다.
　　　　　　　　　　　　－「산다는 것은」 전문

　힘들었던 하루 일을 마치고 어두워져서야 귀갓길에 오른다. 그의 집은 하동읍내가 한눈에 내려다보이는 달동네. "시린 두 손을 바지춤에 묻"고 "터덜터덜" "대숲 계단을 걸어올라"간다. "내가 나의 타인이고 싶을 때" "산다는 것에 허무함이 찾아올 때쯤" 가로등 아래서 남편을 기다리고 있는 아내를 만난다. 시인은 비로소 살아야 하는 이유를 만나 "서로를 위한 인정받고 싶은 삶의 /시간"을 맞는다. "가장 따뜻한 저녁"의 순간이고, 이 세상 어느 누구보다 행복한 사람이 되는 순간이다.

3.

  그는 삶의 어느 길목에서 청력을 상실했다. 일상의 목소리 크기로는 대화가 어렵다. 그래서 그와 대화를 나누려면 고함지르듯이 해야 하고, 모르는 사람이 보면 마치 싸우는 모습이 되곤 한다. 나뭇가지에 새가 날아와서 울음소리로 존재를 알려도 알지 못하고 "사라지는 것을 보고"서야 새의 존재를 알 수 있었다. "밤마다 텔레비전 속은/이상하게 움직이는 입술들"만 있어서 "소리를 더 잘 보"려고 눈을 기울여야 했다.

    나와 아내의 사이 전선의 기척
    내가 누운 이쪽까지 전해지지 않는
    오랜 세월 입에서 놓친 무수한 말들은
    유배의 비극이 끝나지 않을 것처럼

    난청으로 제값을 받지 못해
    제대로 된 삶이 되지 못해 충돌하며
    귀머거리 입구에서 역류해서야
    딸자식 이름으로 구멍이 뚫린 난청

    귀속에 닿는 어느 동네 개짖는 소리가
    그립지도 않는 난청의 유배지에서 들렸다

– 「녹아서 없어진 말들」 부분

　아내와 나란히 누워도 어둠속 아내의 전언은 "내가 누운 이쪽까지 전해지지 않는"다. 같이 살아온 세월 동안 아내의 입에서 "놓친 무수한 말들은" 나에게 당도하지 못하고 둘 사이를 떠돌 뿐이었다. 소리가 사라진 곳에서는 어떤 위로도 주고받기 힘들었고, 소리를 잃은 곳은 "유배지"에 다름 아니었다. 견디다 못해 보청기를 착용했지만 부작용으로 더 힘들어서 사용할 수가 없다고 했다. 그런데 어느 날 '최첨단' 보청기를 했노라고, 이젠 뭐든 다 들린다고 싱글벙글하는 게 아닌가. 어찌된 거냐고 물었더니 딸 은지가 아버지를 모시고 가서 성능이 좋은 보청기를 해주더란다. "딸자식 이름으로" "난청"에 "구멍이 뚫린" 것이다. 이제는 "그립지도 않는 난청의 유배지"에 "어느 동네 개짖는 소리가" 들린다. 비로소 시인은 적막한 '유배지'에서 개 짖는 소리가 들리는 '사람의 마을'로 돌아온 것이다.

　4.
　시인에게 외동딸 은지는 단순한 자식이 아니다. 그가 살아온 보람이고, 살아야 하는 이유이고, 보고 있어도 믿기지 않는 기적이다. 아무리 엄마를 닮았다고는 해도 왜소한 체구의 자신에게서 어떻게 6척 장신의 딸이 태어났는지, 그 어려운 가난 속에서 어떻게 이토록 예쁘게 자라주었는지, 어떻게 혹독한 훈련의 시간을 버티고 사법고시에 패스하기보다 어렵다는 국가대표 선수로, 프로선수로 커주었는지 불가사의하기만 하다.

딸이 국가대표 배구선수니 이젠 딸 체면을 생각해서라도 좀 크고 번듯한 집에서 살아도 되지 않겠냐고 해도 그는 여전히 오막살이를 고집한다. 달동네 끄트머리에 있는 그의 오막살이 사립문에는 오랫동안 문패에 〈은지네 집〉이라고 새겨져 있었다. 그런데 하루는 지나치면서 보니 그 문패의 딸 이름 위에 빨강색 볼펜으로 조그맣게 '국가대표'라고 써놓았다. 딸에 대한 시인의 마음이 뭉클하게 느껴져서 한참을 그 문패 앞에 서 있었다. 고백컨대 그날 본 그 문패는 지금까지 내가 본 세상의 어느 문패보다도 당당하고 아름답고 눈물겨웠다.

그 문패가 걸린 사립문을 밀치고 들어서면 좁작하지만 단정한 마당이 나온다. 그 마당 한 귀퉁이에 정갈하게 떠놓은 정안수가 보인다. 매일매일 코트에서 전투를 치르는 딸을 위해 내외가 할 수 있는 일이라곤 고작 천지신명께 혹은 부처님께 마음을 모아 비는 일뿐이었으리라.

간절한 마음 모아
딸아이 이름으로 연등을 단다

긴장감은 늘 체육관 저 소리들 속에 갇혀 있고
승과 패는 들숨과 날숨 사이에 있건만

그래도 프로선수, 푸른 꽃 피운 것 보면
대견하다 우리 딸, 잘 견뎠다!

― 「공양(供養)」 전문

5

 시인에게 딸이 별이라면 아내는 하늘이다. 딸이 대들보라면 아내는 기둥이다. 그래서 그는 지독한 '딸바보'이고 소문난 '애처가'이다. 아내한테서 전화가 오면 같이 술을 마시가다도 바로 일어서서 뒤도 안 돌아보고 간다. 사랑하는 일만큼 '무서운' 일도 없다는 걸 시인은 행동으로 보여준다. 하긴 그를 살게 해준 게 딸이고 아내인데 어찌 두려워하지 않으랴. "내 가난한 염전 한켠에서 그물에 걸려든/ 꽃게처럼/ 빨간 다라이 먼 바다에 띄어놓고/ 푸르디푸른 시간을"(「앉은뱅이꽃」) 쪼개 온 아내가 아닌가.

 이젠 아내도 "흰머리가 푸석하게 보이며/ 어깨는 한

쪽으로 기울어 호미질 하는/ 모습에" 시인은 "모르는 척 시선을 돌리지만" 아내의 모습에서 지난 세월의 아픔이 고스란히 보이는 것은 어쩔 수가 없다. "궂은 일 어떤 일에도 밀리지 않던 당신"이지만 세월을 이기는 장사는 없는 법. "호미 놓고 삭신이 쑤신다고 되뇌면서"도 "밭이랑에서" "잡풀 한포기 자라나는 꼴 못 본다"(「당신 같으면」). 그렇게 일밖에 모르던 아내가 마음이 허전한지 오늘은 바람 좀 쐬어달란다.

내 집에 딸이 없는 그 휑한 집 놔두고
신랑 따라 나 좀 바람 쐬주면 안 돼?
와온 마을 바닷가 방파제를 걷는다
지금까지 서방놈을 에워싸고 있는 감정
짜디짠 세월 한바탕 목놓고 싶지 않으랴

우두커니 물속 깊이만 실컷 바라보며
정박 중인 배들과 불끈 쥐었다가 풀어 걷는
바닷바람 쐰 속 시원하기는 하나
노을로 저미는 한 때 일렁이는 바다에
다시 한 번 속마음은 몇 번씩 뒤집어진다.

– 「마음을 깨물다」 부분

이젠 허리도 다리도 성한 곳이 없어서 구멍가게도 접고, 집에서 텃밭이나 가꾸며 살고 있는 아내다. 그런 아내가 오늘은 "세탁기 여러 번 돌려/ 이불 빨래 두툼한 잠바까지 널어놓고"는 딸이 없는 집이 휑하게 느껴지던지 갑자기 "나 좀 바람 쐐주면 안돼?"하고 나들이를 원한다. 시인은 아내를 데리고 순천만 와온으로 가서 방파제를 걷는다. 지난 얘기를 나누다 감정이 격해진다. 하긴 아내 입장에서 가난하고 무능한 남편이 얼마나 원망스러웠겠는가. "지금까지 서방놈을 에워싸고 있는 감정/ 짜디짠 세월 한바탕 목 놓고 싶"었으리라. 아내와 함께 온 바닷가, "바닷바람 쐰 속 시원하기는 하나" "속마음은 몇 번씩 뒤집어"질 뿐이다.

6.
현실은 늘 각박했고, 시라도 끄적이지 않으면 견딜 수가 없었을 것이다. 그러나 한 푼이라도 더 벌어야 하는 아내 입장에서는 시 쓴답시고 밤을 새우는 남편이 얼마나 얄미웠겠는가. 하루 벌어 하루 살다시피 하는 처지에 가당치 않게 시가 다 뭔가 싶었을 것이다. 시인은 아내 눈치 살펴가며 몰래 시를 썼고, 2007년 토지문학제에서 하동소재 작품상을 받았다. 어려운 환경 탓에 중학교도 겨우 졸업한 시인이 난생 처음 문학으로 상이란 걸 받은 것이다. 이 상으로 한껏 고무된 시인은 드디어 2010년 종합문예지 『문학광장』에서 신인상을 받으며 꿈에도 그리던 시인으로 등단했다. 그리고 2017년에 첫시집 『앉은뱅이꽃』을 상재했다. 그는 시집의 서문에서 이렇게 고백했다. "항상 시보다 생활이 우선이었다. 나아질 기미가 보이기는커녕 더욱 어려워지고 힘들기만 한 세상, 그럴 때마다 조금씩 써온 문장이 내 인생에 한줄기 희망이란 사실을 알았다. (…) 시집을 내자니 걱정이 앞선다. 빈손이 시리다."
(「시인의 말」, 『앉은뱅이꽃』 서문)

요즘은 읍내의 노인 장애인 복지센터에서 계약직으로 일하고 있다. 낮은 곳에서 힘겨운 사람들을 도우며 산다. 그는 내가 아는 한 가장 진실한 시인이고, 가장 성실한 가장이고, 가장 따뜻한 이웃이다. 두 번째 시집 낼 때가 안 됐냐고, 일부러 들릴락 말락 낮게 귓속말로 묻는데도 바로 알아듣고 겸연쩍게 웃는다. 역시 요즘 보청기는 성능이 좋다. 이젠 그에게 '왜 시를 쓰느냐'고 물어봐도 될 것 같다.

녹아서 없어진 말들

2024년 10월 25일 초판 1쇄 찍음
2024년 10월 30일 초판 1쇄 펴냄

지은이 _ 최동옥
펴낸이 _ 라문석
편집장 _ 김옥경
디자인 _ 장상호

펴 낸 곳 _ 도서출판 두엄
등록번호 _ 제03-01-503호
주   소 _ (41969) 대구광역시 중구 명륜로12길 21
대표전화 _ (053)423-2214
전자우편 _ dueum@hanmail.net

ⓒ최동옥, 2024
ISBN 979-11-93360-15-6 03810

＊지은이와 협의하여 인지는 생략합니다.
＊이 책 내용의 전부 또는 일부를 재사용하려면 반드시 지은이와
   도서출판 두엄 양측의 동의를 받아야 합니다.
＊책값은 뒤표지에 표시되어 있습니다.

＊이 책은 2024 한국예술인복지재단 일반예술활동준비금 선정 지원을
   보조받아 발간되었습니다.